DEL PROPÓSITO
A LA ESENCIA

José L. Torres

PRIMERA EDICIÓN ESPAÑOL, 2022

Enfocar la incertidumbre para forjar un destino real

CONTENIDO

INTRODUCCIÓN

Este libro es un análisis de las implicaciones de llevar un estilo de vida centrado en la consecución, característica fundamental de la postmodernidad, para poder doblegar nuestra perspectiva hacia una extracción de la esencia subyacente en cada propósito y en cada meta perseguida.

Conseguir que la identidad se construya y pueda autoafirmarse a raíz de una mirada a lo conceptual, y excluido de lo supuesto, es una labor que la aleja de la derrota y la acerca a una trascendencia sustancial.

Este ensayo pretende servir de reflexión sobre lo que supone llevar una existencia acomodada en un paradigma normalizado, y dispone una serie de apreciaciones acerca de cómo deberse a lo inherente que radica en los propósitos y llegar a transgredir nuestra narrativa.

EVITAR LA DERROTA

¿Discurrimos en una inercia de autoengaño? Desde un punto de vista objetivo, y más allá del propósito normalizado por la sociedad, se puede considerar que todo lo que está al alcance, aquello propio de la consecución por la identidad en nuestra era no es más que consecución de lo vacío de esencia, no es más que humo.

La identidad promedio de la sociedad moderna organiza su tiempo, articula su mundo conforme a la consecución, conforme al propósito.

Aun a riesgo de extralimitarnos al afirmar que la identidad, en la actualidad, aspira a la consecución insustancial e incesantemente, nos preguntamos: ¿de qué otra manera podría resolver la carencia de compromiso con lo esencial, de compromiso con lo cercano a lo verdadero o auténtico?

Encontraremos la articulación de la derrota tras evaluar las metas y la actividad de la identidad desde una perspectiva en que la aproximación hacia lo esencial sea primordial y otorgue valor real.

Lo esencial dispone afinidad hacia lo trascendental, hacia la interpretación y el sentido de nuestro paradigma, hacia la síntesis que dota de carácter nuestra existencia, nuestros posibles y lo subyacente a nuestros propósitos.

El valor de lo subyacente en todas las iniciativas de la identidad. De que todos tratamos de evitar la derrota en la medida en que somos capaces contemplarla, de anticiparla.

Evitar reconocer que todo lo construido a lo largo de los días son articulaciones exentas de afinidad con un mundo objetivo y real.

Evitar reconocer que aquello logrado no se identifica con los principios sobre los que debería alzarse mi identidad, o que todo lo que tenía como propósito conseguir tampoco me identificará.

Y evitar que quede de mí un reducto, un recuerdo, una síntesis de algo que no era mi "esencia".

No cedas a la exigencia de la postmodernidad.
No cedas a la era del autorrendimiento.
No cedas ni un ápice de tu esfuerzo por ese cóctel de metas, de sueños y propósitos vacíos.
Porque lo único que encontrarás al final del tránsito vivible es una gran derrota.
Lo único que quedará al fin de los días, cuando mires atrás, será la derrota de una identidad insustancial.
La derrota por no haber extraído el valor de la actividad, de encontrarte con las manos vacías y el reloj extenuado.
Lo habrás cedido todo, habrás consumido todo el impulso, toda intención de lograr aquello que había bajo tu mirada dirigida, de tu foco radicado en los estándares

de una inercia social insustancial.

Y no quedará ni un atisbo de verdad con el que puedas trascender tu significado.

SALIR DE LA TRAMPA

La inercia de la que somos partícipes, los principios heredados, el marco social en el que nos desarrollamos, nos arrastra a una inercia, a un paradigma común, a una mirada dirigida socialmente aceptada, incluso deseada y requerida.

Desde que crecemos y nos desarrollamos en sociedad, nos recreamos y organizamos mediante una inercia adquirida e implantada en nosotros.

La mirada dirigida es, en cierta medida, predispuesta, anticipada a cualquier alternativa. El paradigma asimila lo cercano como propio, como verdadero, como inextricable del centro de las articulaciones acerca de lo explorado.

La trampa consiste en permanecer inmanente en la inercia, que acaba desembocando en la derrota.

La trampa llega al no forzar, aunque sea fugazmente, la mirada a la *brecha* en busca de articular sobre lo conceptual, de deslimitar nuestro paradigma que viene estandarizado.

Presuponer que lo preestablecido, lo que nos es ofrecido como adecuado, correcto y frecuente, es lo que ha de sostener nuestro paradigma, es evitar redimirnos de la trampa. Soportar el precio que supone verse sometido a la tensión de la incertidumbre de la *brecha* es insignificante si se sopesa la caída de los lindes que mantienen nuestra identidad cercada en un paradigma rígido.

Una identidad realmente independiente debe ser capaz de forjar su propio marco, de enfocar y articularse más allá de lo acomodado y deberse a la claridad de lo esencial.

Salir de la trampa significa ser capaz de construirse a sí mismo conforme se considere a partir del mundo que lo cobija, reestructurarse con tal de hallar un significado con el que afirmarse en la propia narrativa, en el tiempo en el que la identidad se desarrolla.

Escapar de lo preestablecido gracias a las construcciones basadas en lo percibido en la *brecha* solo depende de la identidad. Es una decisión y actividad propia e intransferible.

LA MIRADA DIRIGIDA

Si algo caracteriza a nuestro entorno y nuestra naturaleza es que todo lo contenido en ellos tiene un ritmo, que cada ser se bate en un ritmo propio, un ritmo con el que desenvolverse en el medio, con el que tener un *feedback* que le proporcione un transcurso existencial adecuado.

Un modo de procesar la información que se da en el entorno y actuar en consecuencia, más allá de una celeridad nerviosa o una forma de actuar. Un ritmo con el que acompasar y acomodar nuestra conciencia y articularnos, desde el modo en que establecemos juicios superiores o conclusiones hasta la forma en que discurre la demora o las actividades inconscientes.

¿El ritmo del ser viene dado por su propia condición natural? ¿O es el ritmo el que condiciona su naturaleza? Seguramente ambas cuestiones se dan de modo simultáneo e inseparable.

¿Pero qué supone que un ser tenga un ritmo propio y que sea imposible desligarlo de él? ¿Qué supone mi ritmo en la inconmensurabilidad del universo? ¿Y el ritmo de otros seres afines a mí?

Hay ritmos que suponen parpadeos a nuestros ojos, mientras que hay ritmos para los que ni siquiera somos o significamos nada, al igual que, en un grado más cercano, hay ritmos de individuos que nunca se cruzarán o llegarán a compenetrarse con el nuestro.

¿Acaso podemos romper nuestro ritmo en pos de algo diferente, superior y que nos lance a un lugar hogareño para la identidad?

El ritmo acompasa nuestra manera de entender el mundo que nos rodea y, del mismo modo, dirige la mirada hacia lo que se encuentra en la franja de lo digerible por nuestro entendimiento. Y, de la misma manera que dirige la mirada hacia lo aledaño y comprensible sobre lo ya conocido, sirve de mecanismo articulador de nuestro paradigma.

El ritmo dirige la mirada y el foco. El ritmo sirve para mediar las articulaciones de nuestro paradigma.

Visto de otro modo, las direcciones de las miradas dirigidas nos protegen de enfocar lo que no podemos entender.

De forma análoga, solo tendemos a percibir lo que podemos articular con base en el ritmo al que pertenecemos.

Miradas puestas en horizontes previsibles, en derrotas de razonamientos extenuados y en asegurar la lógica de las articulaciones. Miradas dirigidas. Destinos dirigidos y protegidos.

Se podría considerar que la mirada dirigida mantiene al individuo y a la sociedad coherentes. Pero del mismo modo los mantiene dentro de lo previsible, de lo esperado, y nunca abarcará lo desconocido.

Lo digerible servido por la mirada dirigida, y a su vez dado por la naturaleza del ritmo, es previsible dentro de lo articulable por el individuo, y mantiene a este dentro de los márgenes de unas expectativas concebibles y dentro de unos probables posibles.

La mirada dirigida nos protege y salvaguarda de la incertidumbre, es la última frontera ante un cambio de paradigma, ante la predisposición a la incertidumbre, ante la capacidad de articular desde lo desconocido o lo que nos es dado. Es lo que nos frena de liberarnos por sentirnos arrojados al mundo que podemos articular.

Una visión acomodada, susceptible al engaño de sucumbir a lo predecible, pero segura. Un resguardo para la identidad, un hogar, dado que se articula conforme un paradigma limitado y cercado, aunque realmente se halle en un entorno cambiante, deslimitado y en constante evolución.

Un hogar hacia lo esperado, planificable y articulable, un diseño ajustado a la personalidad, a la falsa esencia de lo posible. Y lo que nos hace posibles. Porque quizás entregarnos a lo desubicado por la mirada dirigida, por el foco, acabe con nosotros, acabe con nuestra intencionalidad.

¿El ritmo nos impide dirigir nuestra mirada hacia lo inesperado, hacia lo que no concibe nuestra lógica o nuestra expectativa sobre lo real y concebible, dentro de lo posible y referente a lo que nos pertenece?

Derruir el paradigma creado por el ritmo predefinido que nos arrastra, que nos lleva hacia lo previsible y al que cedemos tanto sin saberlo, al que vendemos nuestra libertad de elección y que nos impide articular sobre lo desconocido, quizá sea un modo de vivir más próximo a lo real.

¿Cómo dilucidar lo que esconde la esquina a nuestra mirada dirigida? ¿Cómo escapar de la mirada dirigida, de nuestro paradigma, cómo desacompasarnos del ritmo dado?

Enfocar lo que no tiene articulación aledaña, lo que la identidad no puede ubicar como propio o conocido, solo nos llevará a perdernos en lo desconocido, a no poder regresar de vuelta a la concepción limitada y estructurada, a la concepción ya obsoleta, aburrida y desestimada.

El aburrimiento hacia lo predecible, hacia lo estructurado bajo unos preceptos, hacia lo articulado bajo la lógica de un paradigma definido por una postura acomodada de la identidad, por la mirada dirigida. No nos llenará lo suficiente para asir de nuevo el ritmo seguido hasta ahora. Enfocar la mirada hacia lo desconocido, hacia la *brecha* de lo digerible por el ritmo dado, para articular y dilucidar lo más cercano a lo esencial en la identidad es un camino de no retorno y sin sendero definido.

Nuestro marco, nuestra perspectiva o paradigma, nos centra y dispone una mirada dirigida en donde todo lo diferente u original (que no se basa en lo articulado hasta ahora) es inexistente o pertenece a la *brecha* de lo que damos por entendible, a la mirada hacia lo conceptual y sin forma.

EL ABURRIMIENTO DE LA MIRADA DIRIGIDA

¿Cómo entregarse a lo insondable, a lo falto de articulación? ¿Cómo focalizarse o entregarse a la abstracción?

Entregarse con el ímpetu de clarificar, de construir y de concretar. Dar forma articulable a esa sombra que diversifica y radica en lo incomprensible y que deja ver, entre los entresijos de lo que nos impulsa, de lo que subyace en el paradigma de la mirada dirigida y el foco, lo que origina nuestros impulsos y deseos, lo que nos concibe como hombres desarrollándose en el presente.

Entregarse con el afán de deslimitar nuestro paradigma, de esclarecer y construir más allá de lo aledaño a lo que conocemos y con la pretensión de clarificar los mecanismos que se ocultan en las iniciativas de la identidad.

Un estado de una identidad ligada, arrastrada y vinculada a lo preestablecido, obligada a mirar un mundo que puede articular con comodidad y, sin embargo, que deja traslucir lo inconcretable para que pueda asomarse a ello y le embargue el miedo por sentirse desubicada de un paradigma conocido y seguro, atribuyendo a su paradigma acomodado el conocimiento de que va por un sendero transitable y limitado, que va por un sendero preestablecido en el que al final se derruirá e irá consumiéndose poco a poco hasta alcanzar la derrota.

¿En qué estado deja a la identidad el poderse asomar a lo inconcretable, a lo que se encuentra entre bambalinas más allá de lo articulable con comodidad, hacia lo eterno y propio a lo que puede dar cuerpo y sentido fuera de lo esperado?

¿En qué lugar me deja el ser conocedor de que puedo entregarme a lo difuso y descubrir nuevos conceptos por definir y construir así parte de mi paradigma sobre ellos y sobre el mundo?

Escapar de la mirada dirigida tan solo prestando atención a lo que no entra, o lo que no tiene cabida, dentro de mi ritmo, a lo que no se suele poner ante mi mirada definidora que concreta, que articula la forma y los posibles. Focalizar lo inconcretable fuera de mi ritmo habitual.

¿A qué destino me arrastra el saber que puedo salir del sendero cuando desee, que puedo albergar lo marginado por mi ritmo? ¿En qué lugar de la realidad me deja, y nos deja? ¿A qué lugar se ve relegado el significado de mi ritmo? ¿Y qué apetito se supone por articular o construir a partir de lo inconcreto?

¿Es deseo apremiante? ¿Es deseo ferviente dar cuerpo a lo que no entiendo, a lo que no soy capaz de articular? ¿A lo que nadie puede acaparar para sí, a lo que no se encuentra en el mercadeo de lo comprensible, de lo real, de lo empaquetable o etiquetable?

La identidad tiende a crear paquetes con lo que encuentra y clarifica: el paquete de lo que anhelamos, de lo que odiamos, de lo que podemos hacer, de lo que nos está permitido, de lo que permitimos, de lo que está a nuestro alcance y de lo que abre nuestras posibilidades o posibles. Al fin y al cabo, nos debemos a concretar todo hacia lo que se dirige nuestra mirada, a articular del mejor modo posible lo que cae en nuestra visión del mundo, dotamos de consistencia, de sentido y de valor añadido a lo que se cruza ante nosotros.

Empaquetamos lo enfocado, lo concretizable por nuestra mirada dirigida, por nuestro ritmo. Empaquetamos lo que identificamos y lo archivamos para distribuirlo del mejor modo posible.

¿Pero qué sucede cuando la identidad se encuentra en un escenario nuevo en el que construye a partir de bases conceptuales al margen de nuestro foco, de nuestra mirada dirigida, de nuestra articulación del presente, del mundo?

¿Cómo evoluciona o se acomoda ante ese cometido? ¿Apropiándose de lo descubierto al margen de su foco habitual? ¿Empaquetándolo hasta hacerlo digerible para sí y ante la mirada de los otros? ¿Perdiéndose en lo conceptual hasta no saber de dónde viene o qué significa?

¿Cómo dejar precavida a la identidad ante lo oculto a su mirada dirigida y lo que desconoce o no abarca? ¿Cómo la puede marcar o secuestrar en pos de un nuevo paradigma, no por ello más o menos acertado?

Incurrir de forma paulatina, esporádica y anecdótica en ese inesperado terreno entre bambalinas, en la *brecha,* con tal de rescatar para sí aquello que podamos esclarecer, articular y digerir del mejor modo posible, aquello que podamos adecuar bajo nuestra visión y podamos así modificar nuestro ritmo habitual para que le dé cabida con tal de ampliar nuestro paradigma.

Y volver de entre las sombras con nuevos conceptos, como amos de lo indomable por la lógica, y forzar a adaptar nuestro ritmo y nuestra mirada para que abarquen esa *brecha,* esas lagunas, y lo incluyan en nuestra vida, en nuestras construcciones.

Ya que, en última instancia, se puede vislumbrar y asimilar lo que nos separa, lo que desubica mi identidad, se puede esclarecer lo no perteneciente a nuestro paradigma, lo que no nos es dado por el acomodamiento de la mirada dirigida. Se puede forzar a focalizar en los ritmos que no nos son habituales para ampliar las bases en las que podemos articular nuestro mundo.

¿Qué hay de extraño, de incoherente o de marginado en el paradigma actual de mi identidad?

Esta cuestión arrojará luz sobre cómo de acomodada

se encuentra la identidad en un paradigma en el que todo lo que considera es digerible, articulable y sirve de construcción para armar toda clase de iniciativa o deseo.

Un paradigma donde hay cabida solo para lo digerible por la mirada dirigida y el ritmo abocará a la identidad hacia un destino predecible y transitable dentro de unos posibles y unas disyuntivas exentos de construcciones fuera de lo preestablecido, fuera de lo esperado sobre lo que se presenta. Un paradigma donde todo lo percibido sea digerible mantendrá una identidad acomodada, rígida y limitada en la búsqueda de mecanismos subyacentes a sus propias iniciativas, juicios e interpretaciones.

Una identidad destinada a la derrota.

La mirada dirigida socava la aceptación de lo nuevo, priva a la identidad de una oxigenación, de un crecimiento y una deslimitación del paradigma.

La mirada dirigida conlleva una vida donde lo previsible, lo conocido, tan solo se articula de modos diferentes y se combina para resultar en construcciones que sean cómodas para la identidad, que supongan el mínimo desasosiego, que lleven a la identidad a un estado confortable, conocido, esperado y hogareño.

La articulación únicamente de lo enfocado por la mirada dirigida tan solo combina sobre lo digerible, sobre lo empaquetable, lo entendible con soltura y edificable con facilidad. La articulación únicamente de lo enfocado por la mirada dirigida desemboca en un tránsito insustancial y previsible que digiere el mundo con normalidad para la identidad y su paradigma. Conlleva un tránsito, una existencia cómoda, reconocida sobre sí misma en todos sus ámbitos, una existencia en la que una identidad habituada y autoexplorada muere víctima del aburrimiento, asfixiada por un paradigma extenuado de tanto construirse sobre lo similar y lo conocido.

La articulación únicamente de lo enfocado por la mirada dirigida desemboca en una existencia sofocada, soporífera y que reconoce la derrota a medida que articula continuamente sobre lo dado, sobre lo explorado y reconocido.

Una identidad víctima de un paradigma rígido, cercada por su mirada, reconoce la insustancialidad de su existencia, ya que sus mecanismos son insuficientes para albergar u otorgar un verdadero valor y sentido a sí misma.

El valor que puede reconocer es, a lo sumo, previsible y encaja con lo acomodado de su situación. El valor, la afinidad con lo *esencial* o con lo más próximo a la *verdad* que puede reconocer y aspirar es articulable mediante sus mecanismos extenuados. La falta de fisuras en la coherencia que obliguen al paradigma a articular sobre lo conceptual hallado en *brecha* con la intención de deslimitarse desemboca en un aburrimiento de la propia identidad y su significado, un aburrimiento de sus posibles, del valor atribuido a lo realizado por la identidad, a lo logrado y al significado legado.

Un aburrimiento que deja paso a la derrota.

La derrota es la articulación, mediante el paradigma rígido originado por la mirada dirigida, de un significado y un valor previsibles, exentos de originalidad, exentos de un acercamiento a lo nuevo, a lo no concretado, exentos de lo conceptual y articulable basado en la mirada a la *brecha.* La derrota es una suposición asimilada, una negación de lo que supondría adecuar la coherencia del paradigma rígido a algo desconocido, a algo nuevo e inconcreto.

La derrota parte de una comparación de un supuesto paradigma deslimitado con el paradigma propio e insuficiente.

La derrota es el reconocimiento, es la vista al conjunto general y rígido que me lleva a articular incesantemente sobre lo dado y concretado, sobre lo similar. La derrota conlleva la visión del conjunto del paradigma limitado, es el reconocimiento del perímetro en el que se cerca la identidad y muere.

PROPÓSITOS VACÍOS

Las aspiraciones y propósitos vacíos de esencia son fruto de la mirada dirigida.

Hallar la autenticidad de los propósitos supone salir de la *trampa,* salir de lo estipulado y analizar el propio modelo actual de consecución de metas, de consecución de proyectos.

La consecución es la máxima expresión de la identidad moderna.

La iniciativa, la consecución de una meta, disponer de una aspiración, un objetivo.

La síntesis del valor de la identidad en la postmodernidad se resume en la iniciativa que dispone, y es la iniciativa la que la identifica a su vez.

Toda meta, todo propósito, expectativa, aspiración u objetivo, vienen dados bajo el amparo de un marco, bajo el sentido de lo articulable que permite y sobre el que alza nuestro paradigma y que dispone nuestras disyuntivas, nuestro alcance y nuestros probables posibles. Pero, dando un salto al propósito de esta sección del ensayo, la iniciativa que dispone cualquier identidad, incluso el resultado de dicha iniciativa, no escapa a la derrota proporcionada por un paradigma reconocido en todo su alcance y su posibilidad, no escapa a la derrota de un paradigma rígido.

El significado de los propósitos de la identidad, el valor que disponen en sí mismos, la afinidad con lo realmente esencial o con el valor de lo próximo a la *verdad*, sucumbe ante una serie de articulaciones propias del paradigma que se asfixian por un paradigma rígido que nunca enfoca la *brecha*.

El valor que podemos otorgarnos a nosotros mismos, de lo que podemos conseguir y llegar a significar, depende de las limitaciones de nuestro marco conceptual, de nuestra realidad digerible y acomodada. Y, en última instancia, depende de nuestra mirada dirigida.

Unos propósitos inherentes a la identidad que vengan dados por unas articulaciones creadas por lo similar, por el reducto de lo idéntico, empaquetable, digerible y etiquetado para mantenernos en un estado confortable, seguro y previsible, no podrán ser unos propósitos próximos a la *verdad*, próximos a la esencia de esos mecanismos subyacentes a la iniciativa que caracteriza a la identidad. Se tratará de unos propósitos de valor insuficiente, de unos propósitos vacíos, inocuos o estériles más allá de mi propia limitación paradigmática.

Se tratará de unos propósitos creados por un paradigma rígido que no abrazan lo nuevo o lo inconcreto, unos propósitos únicamente articulados por lo conocido, lo similar y lo previsible. Unos propósitos acomodados que son partícipes de la asfixia y la derrota.

Unos propósitos carentes de un paradigma ajeno a la búsqueda de lo deslimitante, de lo que no lleva por un sendero de aceptación de lo nuevo, de lo inexistente por la mirada dirigida, y que no se articulan sobre construcciones inconcretas, de modo que no fuerzan a la identidad a ponerse en acción para adecuar su paradigma a un mundo de incertidumbre, de inconcreción, de inseguridad e imprevisibilidad.

Unos propósitos basados en lo anterior solo pueden contribuir a reconocerse en la insustancialidad, en el aburrimiento y en la derrota.

Y, por ende, se trata de unos propósitos ajenos a asir valor para sí sobre la *verdad,* sobre lo próximo a la esencia de lo *real,* en contraste con lo deslimitante de un paradigma que debería suponer ser inabarcable, dado que está en constante expansión, y extraer valor de lo subyacente a los propios mecanismos del propósito.

LA MIRADA A LA *BRECHA*

Ostentar las señas de la identidad, haciendo honor a lo que nos identifica y nos da cuerpo, incluso cuando se pretende adentrarse a lo desconocido del entreacto de actividades correlativas, del respiro que pasa de modo inadvertido, de la dirección perdida de la mirada dirigida.

Buscar el bastión de la *brecha,* de la incertidumbre entre bambalinas, de lo recóndito y de lo que se entrega desarmado y conceptualizado, con tal de que la identidad construya a su pie para que articule sobre ello incluyendo lo nuevo, deslimitando el paradigma que cerca una existencia acomodada, previsible y encaminada a la derrota.

Aunque no todos construirán a partir de lo conceptual del mismo modo, con el mismo ímpetu, fuerza y entrega.

Sin embargo, aunque solo se arme un pequeño bosquejo de lo focalizado fuera de la mirada dirigida, de lo que esa *brecha* puede llegar a ser o pretender, aunque solo se atisbe un ápice del potencial o de lo que puede llegar a dar de sí lo inconcreto, estaremos forzando nuestro paradigma a dar cobijo a lo original, a lo nuevo, estaremos sacando la identidad de su hogar acomodado.

Aun a pesar que cada identidad articula y construye de un modo único, esa labor es, en potencia, la que oxigena nuestro mundo conocido, aburrido, y que, de otro modo, llevaría a la extenuación.

Y, del mismo modo que articulamos a partir de lo inconcreto de la *brecha,* esas construcciones aportan valor a lo que otros pueden ver reflejado en nosotros, a lo que otros pueden incluir en su paradigma, a lo que desubica su identidad acomodada en la mirada dirigida, pese a que sus miradas dirigidas excluirán en mayor medida lo no perteneciente a su paradigma, lo no digerible.

Puede que lo construido a raíz de lo conceptual y expuesto de forma digerible, deslimite ligeramente a otras identidades con paradigmas similares.

Al acceder a ese entorno conceptual con tal de articularnos y deslimitarnos, nuestra mirada, nuestro ritmo e incluso nuestra predestinación nos llevarán hacia disyuntivas diferentes y no acomodadas, a relaciones con personas de paradigmas similares, con incursiones en la *brecha* y construcciones similares y con identidades afines.

El oxigenar nuestro paradigma individual, implica relacionarse y vivir en un paradigma, que abarque parte de lo inexistente hasta entonces, dando cabida a identidades más afines a la nuestra, contribuyendo a una articulación grupal, a una deslimitación en el entorno social afín a mi identidad.

Poder escapar de un aburrimiento, de una derrota servida por una existencia acomodada, por unas alternativas limitadas y predefinidas dadas por la mirada dirigida que articula solamente sobre lo conocido, sobre lo esperado.

Solo veo lo que se espera que vea.

La mirada dirigida solo nos muestra lo que nos da cuerpo, lo que sentimos como propio, aquello que nos hace sentir que le pertenecemos y nos pertenece, lo que nos proporciona un *feedback* acomodado y confortable. Solo nos muestra lo que no causa perturbación o desasosiego, mientras que la mirada a la *brecha* nos desubica, desconcierta y siembra a través de lo inconcreto un pie conceptual sobre el que articular, aunque, en parte, con las herramientas de que disponemos provenientes de nuestro paradigma rígido.

La mirada a la *brecha* fisura la coherencia del paradigma rígido en cierta medida. Lo fuerza a articular sobre lo que lo ha perturbado con tal de repararse, con tal de mantener la coherencia y permanecer en un estado en que la identidad pueda llevar a cabo las iniciativas que determina.

La mirada a la *brecha* rompe el cerco de lo existente subjetivamente, de lo digerible por nuestra identidad, forzando a dar cabida, a resolver o encajar del mejor modo posible lo construido sobre lo originalmente inconcreto en el entretejido de articulaciones previo.

La mirada a la *brecha* continuada influye en el replanteamiento de las iniciativas de la identidad, socavando el rumbo impuesto por una mirada dirigida que pretende proteger y minimizar el cambio de paradigma.

Aquello inconcreto, ajeno o inexistente en principio y que ahora se vuelve digerible constituye parte de esa respuesta recibida que hasta ahora era limitada por la mirada dirigida.

EL RITMO HACE DIGERIBLE EL MUNDO

El ritmo, al margen de las implicaciones para con la identidad y su *feedback* con el entorno, es indestructible.

Nada detiene el golpeteo de instantes, la correlación de sucesos, nada detiene ese incesante ciclo de presentes consecutivos a los ojos de la identidad protagonista.

El ritmo es inherente a la identidad, fisiológicamente hablando, se podría decir que la percepción correlativa de sucesos tiene su origen en el cuerpo y que la respuesta del hombre se arma acorde a él. Abstenernos del instante, excluirnos del presente y del transcurso, es solamente posible sesgando nuestra correlación con el mundo, cerrando la puerta a la conversación continua con el entorno y lo que nos rodea, pues abstraernos y erradicar toda interacción es inviable, va en contra de la condición de la identidad y solo se da en lo inerte.

De este modo, nos es prácticamente imposible operar sobre el ritmo que nos determina, más allá de entender sus implicaciones. El ritmo es dependiente de la fisionomía. Condicionando la naturaleza de nuestras acciones y haciendo posible el *feedback* con el medio, caracteriza la forma en que actuamos con el mundo, estipula nuestro alcance y posibilidades naturales y dota de cuerpo a nuestra identidad, definiéndola.

El ritmo y las articulaciones o construcciones lógicas dependen de la identidad de un modo fisionómico, pero, a diferencia del ritmo, la identidad dispone de mayor control en la forma de operar sobre sus propias articulaciones de su relación con el medio.

El ritmo hace posible que podamos digerir el mundo en su concepción más general.

Nuestra identidad tiene un latir con el entorno del que no es dueña, que escapa a su dominio y que, en cierto grado, le es dado y la arrastra.

Está sometida por el ritmo, por el *pulsar de interacción* que la arrastra hacia momentos en los que puede existir respuesta con el medio y que la lleva hacia un mirar forzado hacia los intersticios donde su capacidad de interactuar y relacionarse encaje y pueda darse.

Un pulsar que habilita la acción posible, que da cuerpo al potencial de la identidad con el medio y sobre el que se fundamenta la concreción, la identificación y la construcción, que dispone lo sugerente sobre lo que se alzan los juicios y los razonamientos lógicos.

La evolución no es más que defensión, un agarre frente a la pérdida, la intencionalidad de mantener lo que expira, de bloquear lo cambiante que implica incertidumbre y volatilidad mediante la comprensión y la acción.

La evolución se puede entender como el resultado de la tensión originada por la incertidumbre, un alzamiento y una toma de acción frente a la inestabilidad, frente a un mundo de fuerzas y tensiones crudas sobre el que prevalecer y alzarse.

La tensión resultante de la exposición al vacío de la inestabilidad es solo una tensión que nos empuja a crear una existencia en una postura acomodada, una postura hogareña, de baja autoexigencia, que aleja el cambio constante, con la incertidumbre que implica.

La tensión nos hace rehuir la mirada en la *brecha,* la mirada en la incomodidad de lo que no nos es entregado de un modo digerible y dado a la interpretación, frente a lo que no nos es regalado para que lo exploremos con unas herramientas preestablecidas a lo largo de los años con una predisposición y un alcance finitos, pues proceden de un paradigma limitado.

Lo que nos es dado difícilmente podrá catapultarnos a una liberación del paradigma rígido, a la inferencia de vivir en un mundo de mayor cabida cimentado en la incertidumbre. Lo que nos es mostrado difícilmente nos llevará a la amplitud, a la capacidad de construir cualquier cosa.

Lo que nos es mostrado por nuestra mirada dirigida es un segmento esencial para mantener nuestra existencia en un estado confortable, quizá ocupada, quizá siendo resolutiva y práctica, pero no focalizándose en su ímpetu por deslimitarse, por construir desde lo conceptual, por crear y definir su propio mundo, su propia libertad.

Lo que nos es mostrado desvía la mirada de un horizonte misterioso y rico en conceptualizaciones abstractas sobre las que resolver en pos de una identidad sin límite y en busca de la afinidad con lo real.

¿Cómo deslimitar la identidad si solo nos centramos en lo que nos es mostrado, en lo que puede ofrecer *feedback* en el medio, en lo que nos es regalado como concreto y a lo que se cierne nuestro ritmo en última instancia?

¿Cómo enriquecer, sin desvirtuar lo conocido o el entorno cotidiano, el mundo mostrado por la mirada dirigida y ofertado a explorarlo con nuestras articulaciones *primitivas,* que solo contemplan la concreción de lo que muestra correlación entre la identidad y el medio?

Fomentar la mirada hacia la *brecha,* hacia lo que no se concibe, hacia lo inefable o inmedible, tan solo es una base, un disparador sobre el que construir nuevas relaciones con tal de deslimitarnos, de resquebrajar la coherencia de nuestro paradigma.

Es posible incurrir en pensar erróneamente que la

brecha no es más que una carencia en la identidad, que la *brecha* pertenece al ámbito único y propio de la identidad. Bien al contrario, la *brecha* hace referencia a la carencia en lo mostrado por la mirada dirigida, y lo conceptualizado albergado en ella existe por sí mismo y dispone de cuerpo propio.

IDENTIDAD ACOMODADA

La identidad agarra fenómenos, los afianza para sí, con tal de articular una fenomenología y poder dotarse de sentido, de cuerpo propio, y dotar de cuerpo al mundo. Agarra para sí elementos a los que aplicar una identificación similar con otros ya digeridos.

Cuando unos juicios o razonamientos giran en torno a lo constituido plagiando lo conocido, sobre lo idéntico se concibe lo diferente, y lo atribuible al cambio, como una amenaza que pone en peligro la estandarización del paradigma y el afianzamiento de expectativas.

La identidad no cesa de concretar elementos que le resulten categorizables con tal de aplicarles los atributos similares a los conocidos de sus allegados, o colindantes en significado.

Busca un lugar en el que refugiarse y no tener que redescubrir incesantemente, pues el descubrimiento se atribuye a un cosmos inseguro, incluso puede que amenazador.

El cosmos, o el medio que envuelve a la identidad y en el que esta se refugia incondicionalmente entre lo idéntico, lo conocido y lo cómodo, es forzado a mostrar solo su parte que puede ser digerida y reconocida, con el objetivo de lograr una estabilidad para la identidad.

El desapego, el descentralizar esa búsqueda de lo idéntico, intenta hacer del cambio y de lo diferente su estándar, su hogar, un hogar en el que participar más que en el que refugiarse, en el que vivir el cambio como parte inherente al entorno de la identidad y de su *feedback*.

La cesión a la recreación de lo idéntico no es más que una estrategia en la que acomodarse en lo que ya hemos explorado.

Convertir la exploración incesante en una parte esencial de la identidad nos lleva a reenfocarnos sin un eje concreto, sin un punto de apoyo más que una base dinámica sobre la que construir lo cambiante e irresolutivo en un principio, ya que incluso nos centramos en encontrar lo idéntico de forma consciente, unos patrones reconocibles, unos comportamientos repetitivos, reproducibles y predictibles.

Cedemos y nos afianzamos ante lo identificado e idéntico a un símil, ante un elemento con el que poder comparar y poder atribuir detalles de un comportamiento ya integrado, de un elemento externo conocido, de un proceso similar o de una casuística reconocida a lo ya digerido previamente.

La identidad, en su acción más esencial, trata de ejecutar siempre un afianzamiento, de agarrar, de retener, para comparar, predecir y estar preparada para reaccionar conforme una respuesta parecida a otra ya realizada anteriormente.

Lo idéntico secuestra lo original, engrilleta la posibilidad de salirse de la mirada dirigida, de salir de un mundo mostrado de un modo preestablecido. Lo idéntico roba la potencia de la libertad, lo idéntico construye lo previsible, lo similar a lo ya articulado, y lleva hacia el camino del aburrimiento, lo que concluye en la derrota existencial.

El pensamiento radicado en los pilares de la contemplación y búsqueda de lo idéntico atenaza la identidad y la arrastra al constante golpeteo de reubicar lo desconocido bajo una articulación reconocida, de reubicar lo explorado en primera instancia bajo otro elemento que identifica y aplica de modo parecido.

Desanclar la identidad de la búsqueda de lo similar o idéntico, del análisis constante en búsqueda de patrones conocidos, en pos de la exploración coloca a la identidad en una posición descentralizada en la que no considera un eje o un fundamento sobre el que articular lo que se ejecuta a su alrededor y en la que altera la forma de interactuar con lo anexo a lo digerido previamente.

El acto de descubrir se torna una resolución sobre la incertidumbre, acercando la inseguridad y evolución constante, donde las actitudes de recrear un entorno limitado, conocido y seguro se ven relegadas a lo innecesario, puesto que el acto de descubrimiento, adormecido en la identidad acomodada, de mirada dirigida y ritmo preestablecido, saca del escenario el reposo y el acomodamiento.

La actividad incesante, la búsqueda de la originalidad y la lucha por vencer la inercia y la derrota pasan por no dar cobijo al hogar, al descanso, al acomodamiento, productos de la identificación incesante de símiles y la construcción de entornos predecibles y rutinarios que dan paso al aburrimiento, aunque otorgan estabilidad.

Al fin al cabo, huir del aburrimiento, huir de la mirada dirigida en pos de la originalidad, de lo inconcebible perteneciente a la *brecha,* lo que trae la oxigenación y tensión producto de la incertidumbre, es quizás el único método de plantar cara a una identidad encaminada a la derrota.

El ritmo, constante, asfixiante, nos lanza a un golpeteo sin pausa del devenir de sucesos, donde nuestras posibilidades se ven limitadas a la capacidad reaccionaria y alcance del individuo, que radica en lo descubierto, digerido y dibujado de nuevo respecto de lo mostrado ante él. Atribuimos las características de lo conocido a lo que se nos representa, dibujando un entorno idéntico, construyendo un hogar que conlleva un aburrimiento sobre lo mostrado, una asfixia hacia lo idéntico.

REESTRUCTURAR
LA IDENTIDAD I

Intentar buscar en la *brecha* un concepto sobre el que construir una parte de mí mismo, una parte de mi mundo, es la síntesis para deslimitar nuestro paradigma, liberarse y autoafirmarse.

Indagar en la incertidumbre, donde no se posan las miradas y no hay construcción previa, para hacer de ese intersticio de lo que se me muestra una construcción, un modo de elaborar partes insospechadas de mi identidad y forjar un destino que no se anexe a lo esperado, a las expectativas autoimpuestas a la fuerza por una inercia de una mirada dirigida.

Hacer que la incertidumbre de la *brecha,* que lo in-concreto que tensiona mi identidad para descentralizarla, que desvirtúa lo que considero que simbolizo originado por mi paradigma rígido, sea mi nuevo estándar que rompa con la mirada dirigida, con la coherencia de mi pa-radigma.

Ya que, en última instancia, en un grito desesperado frente a la derrota prevista, es preciso entender que me debo a la incertidumbre, que me debo a lo original, a lo exento de ser esperado, previsto y que establezca unos propósitos vacíos.

La identidad se tendría que deber a lo que la lanza fuera de su hogar, del estado acomodado, o más bien de su prisión. Deberse a lo que me descentra y que deconstruye lo que he ido plagiando sobre lo ya conocido atribuyéndolo a lo se me da para ser digerido, deberse a lo que deconstruye lo que he explorado y he plagiado para allanar las expectativas, para allanar lo que se espera de mí y recorrer un destino previsible.

Por tanto, me debo y me construyo a mí mismo con cada mirada a la incertidumbre, con cada mirada a la *brecha.*

¿Pero qué significa deberse? ¿Deberse a ser quién eres? Deberme significa estar en deuda con esa tensión hacia la incertidumbre y ceder a cada petición que nos solicite en pos de su articulación, en pos de la construcción de mi identidad original y de un mundo original a correlación, esa correspondencia diferente de la acomodada, en vez de deberme a los propios propósitos y expectativas que plasmo en un mundo acomodado conforme a lo esperado y lo conocido. Me debo a lo que me conforma como una identidad sin eje concreto, sin mirada dirigida y que está, en cambio, entregada a la búsqueda de la originalidad, de lo inesperado, de lo diferente, de lo auténtico y accesible por el golpeteo del ritmo, de lo único e imprevisible que conforma un destino original con el que poder dilucidar *verdad* sobre el medio y disponer una interacción y correspondencia sin prejuicios.

La identidad se debe a esa incertidumbre y debería hacer entrega de su acción, de sus articulaciones originadas por la *brecha,* con tal de que la originalidad la lance por un destino no fijado, por un sendero no perteneciente a las expectativas rígidas, ni a lo esperado o previsto.

En última instancia, la identidad se debe a corresponder a esa incertidumbre con tal de construirse y articularse en un entorno original, único y verdadero con el que poder recrearse, articular una lógica y un paradigma en los que la tensión de la incertidumbre defina cada propósito, impregnándolo de *esencia* sobre lo *real* (lo que implica un valor cercano a dilucidar un medio objetivo, absoluto, verdadero, común y clarificado), de autenticidad.

Pues la identidad se debe a la correspondencia con la *brecha,* y ella la llevará lejos de la derrota a través de la deslimitación del paradigma rígido y con un *feedback* con el medio acorde a las articulaciones sobre lo inconcreto, que se muestra de un modo crudo y no digerible inicialmente por la identidad.

La correspondencia de la identidad con lo dilucidado y articulado a partir de lo descubierto en la *brecha* da cuerpo y un sentido auténtico a la coherencia del paradigma. Y ello se traduce en una concreción del significado propio, del sentido de los propósitos, donde lo primordial es disponer de una existencia con una respuesta condicionada por la *brecha,* por la tensión de la incertidumbre.

La correspondencia con lo dilucidado y articulado a partir de la mirada a la *brecha* sobre el medio natural conlleva un tránsito valioso del individuo por su acercamiento a experimentar lo próximo a lo objetivo y verídico, una conducta de autoafirmación y expresión de la propia identidad en la que puede resolverse abarcando las articulaciones sobre lo conceptual aportadas por un descubrimiento continuo, por una exploración incesante del medio sin limitarse a acomodarse únicamente a lo digerible, que desemboca en la derrota.

REESTRUCTURAR LA IDENTIDAD II

En otras culturas, como la oriental, la sociedad tiende a percibir como muerto lo idéntico, lo invariable, lo que persiste, lo que dura, dado que aquello que persiste, lo que dura y prevalece sin esfuerzo, no tiene ímpetu, no tiene la vitalidad ni la tensión inherentes a la existencia.

La falta de tensión producida por la exclusión de significado en el mundo conlleva inmanencia, calma, durabilidad, pausa, sosiego y estabilidad sin límite.

La falta de una frontera, de un horizonte que tensione, conlleva una existencia destensionada sin vitalidad, sin valor, una inexistencia en el medio sin propósito esencial.

Aunque el valor se puede ligar a lo evolutivo, a lo diferente, a lo que insiste en construirse a sí mismo para llegar a.

¿La actitud constructora propia de la identidad es inherente al valor?

Más allá del ámbito de la identidad, ¿aquello que incita a la construcción y articulación tiene potencial de consolidar valor y es, por tanto, valioso en sí mismo?

¿La sugerencia es valiosa por sí misma? ¿La sugerencia dispone la expectativa que se genera *a posteriori*? ¿La sugerencia de lo que puede ser articulado define nuestros posibles y su valor?

La mirada a la incertidumbre extrae la sugerencia de lo inconcreto, define posibles, forma valor a partir de lo conceptual, de lo crudo.

¿Lo inconcreto ostenta valor en sí mismo, en su propio estado en el que solo sugiere a la identidad?

¿Lo inconcreto enfocado por la identidad determina los posibles que arman un destino dúctil y no forzado, exento de aburrimiento y derrota, unos posibles que conforman el rumbo por el que transcurre y el conjunto de disyuntivas resueltas que dan cuerpo a la propia identidad?

¿La *brecha* es constructora de posibles deslimitados por un paradigma rígido? ¿Es la *brecha* más valiosa que lo mostrado de modo similar por la mirada dirigida? ¿La huida de la derrota supone una alternativa más valiosa para el transcurso y la expresión de la identidad?

¿La *brecha* aporta valor a esa reestructuración de la identidad?

Pero ¿cómo construir sobre lo inconcreto? ¿Qué significa construir a partir del descubrimiento de la *brecha*? ¿Cómo construir a partir de lo que sugiere lo conceptual?

Lo surrealista, lo despojado de la concreción, del significado que podemos encontrar en lo cotidiano y perteneciente a nuestro paradigma. Lo despojado de sentido y que no podemos anexar al mundo tal y como lo conocemos. Todo aquello amorfo, lo carente de cuerpo conocido, lo carente de una forma clara que podamos prever y sobre lo que podamos aplicar unas expectativas (en un sentido amplio).

La mezcla de conceptualizaciones sin sentido aparente. Aquello que la *brecha* dispone a ser percibido, pero no podemos otorgarle concreción. Ese preámbulo ante lo que descubrimos e intentamos resolver para reparar la ruptura de la coherencia del paradigma que surge al intentar ubicar lo inconcreto.

Incluso la identidad puede tender a silenciar la mirada a la *brecha* por no saber gestionar lo inconcreto, por no saber qué se construirá a partir de ello.

No hay sosiego en la mirada a la *brecha,* no hay inercia, no hay inactividad ni calma. La naturaleza de lo inconcreto es sugerir ser articulado constantemente, aun cuando no se prevé a ciencia a cierta el contenido que se va a articular a raíz de su presencia descubierta.

Vislumbrar lo inconcreto y conceptual reta al hombre a ser capaz de construir mediante esa sugerencia, a activar los mecanismos de que dispone la lógica y la razón para adaptar su coherencia y mantener un paradigma sólido, aunque no rígido, que cerque su identidad.

Aun casi por obligación, se involucra en una actividad ineludible, un reto o un compromiso para con su identidad, un reto que implica descentralizarla de lo que ha articulado como un mundo a su medida, como un canal de comunicación ordinario, desalojarla del hogar en el que sentirse acomodada plagiando lo conocido ante sus expectativas.

La identidad puede descubrir en la *brecha* un entorno de sugerencias incontrolables, incoherentes y caóticas, incluso puede que amenazantes para su paradigma. Es por ello que la *brecha* no conlleva una actividad confortable o cómoda, predisponiendo y tensionando con su propia naturaleza, con su propia incertidumbre.

El ritmo o el aleteo en el que el cambio de instantes es fluido y enriquecedor, y que implica la capacidad de que exista un *feedback* con el que nuestra acción encaje con el medio, también lleva a ser arrastrado por un ritmo que puede ser agotador, que puede llevar a una identidad a la exhaustividad, a extenuarse por los eventos y las limitaciones de acción que puede tener. El agotamiento de un *feedback* con el medio al que está circunscrito, esclavizado únicamente a tener acción sobre los intersticios en los que puede encajar la identidad.

El ritmo hace posibles los intersticios de la *brecha*, dota de un fluir entre fuerzas y la identidad para que articule a raíz de las sugerencias tomando acción en los intersticios en los que encaja la identidad y que puede *ver.*

El ritmo hace digerible lo que el caos de fuerzas y conceptos sugiere a la identidad desde la *brecha.*

REESTRUCTURAR LA IDENTIDAD III

El ritmo muestra lo perteneciente a la *brecha* de forma predispuesta a ser digerible y comprensible para la identidad.

El ritmo hace digeribles las fuerzas, marca la respuesta posible, la acción que puede tomar la identidad en los intersticios en que encaja y puede desarrollarse con el medio. Los intersticios son asequibles para cada tipo de identidad, que dispone de un ritmo propio. Los intersticios se organizan en una serie de capas o grados que se correlacionan con tipologías de identidades, pues cada tipología o grupo de identidades se correlaciona con una clase, capa o predisposición organizada de intersticios con los que encajar y tomar acción.

Podría sintetizarse en que un ser con un ritmo determinado se relaciona con el medio, mientras que otro ser de anatomía muy diferente y con un ritmo alejado al del primero toma acción con el medio de un modo muy distinto. Por ejemplo, la toma de acción con el medio de un vertebrado y de un insecto difiere en el sustrato de intersticios en los que encajan para establecer esa relación con el medio, establecer ese *feedback*. La actividad del insecto implica mayor toma de acción y una mayor concentración en un lapso de tiempo menor, dado que suelen disponer de un ritmo más acelerado. Y, de la misma forma, el intersticio del medio natural en el que encaja la acción de un vertebrado y el intersticio propio de un insecto difieren en grado.

La concreción del caos, de lo dispuesto en la *brecha,* conlleva una percepción global de una identidad sin autoconocimiento más allá de los lindes de su paradigma rígido y que anhela un hogar, una rutina que pueda plagiar hacia lo esperado, hacia lo que le está por venir. Un ritmo que caracteriza la mirada dirigida para establecer un entorno confortable sobre el que la identidad puede dar por sentado lo que se le presenta y a lo que aspira, que pueda articular predicciones y aspiraciones alejadas de la tensión de la incertidumbre.

La mirada a la *brecha* pasa por una existencia en el entrecompás, por una deconstrucción del ritmo de sucesos, del ritmo de lo que nos es predispuesto para ser digerido para articular el caos de fuerzas hacia un hogar en el que la identidad pueda articular lo predecible, pueda armar unas expectativas, pueda disponer de una correspondencia frente al mundo y dar lugar a su acción.

El *feedback* es el reducto de lo derivado por el ritmo: una serie de reacciones determinadas sientan una forma de actuar, un comportamiento y una inercia a través del presente de la identidad, un presente que se percibe destensionado, acomodado y que tenderá al aburrimiento.

La identidad refugiada en un hogar se acomoda, se habitúa y se deja arrastrar por la inercia hasta llegar a la derrota final, en la que ve que no pudo esquivar la mirada dirigida, que no pudo replanificar o descentralizarse como un eje articulador del presente, que ese *feedback* infructuoso tenía una resolución predecible, vacía y estéril. Esa correlación con el medio no podría engendrar un sendero sin surco, no podría dar a la identidad un entorno sobre el que construir a través de la sugerencia de la incertidumbre y no pondría un horizonte diferente a lo esperado, a lo correspondiente a las expectativas.

Desubicar del centro a la identidad de la relación con el medio, entenderse como un ser arrojado al devenir caótico, huir casualmente del acomodamiento con tal de atribuir al baile de fuerzas que arrastra al hombre un sentido diferente y sugerente. Centrar la mirada en lo que no se encuentra preestablecido, mirar en la *brecha* con tal de sugerir una construcción de lo conceptual y sin forma, lanza fuera del hogar acomodado a la identidad, la expulsa fuera del eje articulador, la libera de lo preestablecido, de las expectativas, de lo previsible y esperado de ella. La renueva, le atribuye un sentido diferente, nuevo y único, ya que depende de las construcciones de las sugerencias de sus miradas no dirigidas y de una respuesta del medio propia y original que redefinen su relación con el mundo. Y, en consecuencia, provoca su anexión al entorno social de un modo fresco, independiente, cautivador y con un paradigma que da cuerpo a un mundo más objetivo, más real.

La reestructuración de la identidad se puede entender como una liberación, aunque más bien se trata de romper con el hogar creado, con romper con el fluir que la ha hecho acomodaticia con tal de no abandonarse a la inercia.

PERSPECTIVA, MARCO
Y MIRADA DIRIGIDA

Bajo un planteamiento similar a: ¿de qué me arrepentiría si mañana fuera a morir?, la identidad puede suponer una tensión hacia su conclusión y el logro o satisfacción de su narrativa, una tensión que trae al presente la insatisfacción por no haber descubierto y establecido un eje acorde con una visión de un mundo objetivo, más afín al real y de un valor impoluto.

Por no haber dispuesto una narrativa basada en lo que sugiere un mundo crudo sobre el que construirse y articularse, por no haber dispuesto una narrativa implicada en entregarse, luchar, trabajar o defender un paradigma más afín a una realidad incierta y verdadera.

La máxima de la identidad podría sintetizarse en llegar a ser *inspiración.* Una existencia con una narrativa más afín a la *verdad* del mundo que la acoge y a la que es arrojada conlleva abarcar y ser parte de la iniciativa de lo que percibe, de ser parte de lo que considera que es lo subyacente a lo que la envuelve y le presenta un *feedback,* y, por tanto, implicarse en la iniciativa de lo sugerente a partir del mundo crudo, de lo oculto en la raíz de lo que escribe un paradigma rígido.

Revelar lo que la identidad entiende como esencial

de ese mundo por digerir, ser parte y entregarse a esa misma incertidumbre sugerente, a esa *brecha* que impulsa al individuo y que impulsa a la sociedad a vivir conforme lo *esencial.*

Identificarse, llevar una existencia que sea parte de lo esencial hasta convertirse en ese impulso creador y sugerente, ese impulso articulador del mundo. Convertirse en la inspiración que, con vistas a articular sobre mi significado, quizá sea la máxima de la identidad para con lo *real* que la envuelve.

Ir más allá del propósito, más allá de la consecución, para abarcar, identificarse y ser parte de los mecanismos que lo motivan, que llevan a sugerir una meta, una conclusión o un objetivo.

Entender y llevar una narrativa acorde a la esencia sugerente del mundo incierto que nos marque unos propósitos y objetivos con los que no se resuelva una evaluación anticipada de la derrota, dejando en su lugar una resolución de la conclusión de la narrativa de la identidad en la que se sintetice una existencia que fue sugerente en sí misma, afín y articuladora de propósitos esenciales, y, por tanto, que sea inspiración para otras identidades que acerquen su mirada a nosotros, a nuestro significado.

DOBLEGAR EL MARCO, VENCER A LA DERROTA, VIVIR CONFORME A LA ESENCIA

La *brecha* se caracteriza por tensiones producidas por lo inconcluso, lo que rompe la coherencia del paradigma, lo que derrumba el ideal que disponemos sobre el mundo digerido, el límite del alcance de la identidad, lo que desarticula la responsabilidad y el compromiso con un paradigma rígido, lo que constituye una perspectiva crítica del aprecio y consideración hacia lo ajeno e inestable y que se clarifica constituyendo un *feedback* que nos lleva a asimilar lo que sugiere lo amorfo e inconcreto.

Lo que tensiona la identidad para llevarlo a su análisis y agarre o asimilación.

Lo que da pie a construir sobre lo conceptual, donde el diseño incomprensible de lo amorfo tensiona hacia una concreción por parte de la identidad. Podría ponerse el ejemplo de las expresiones artísticas, la escultura, la danza o las representaciones surrealistas, en las que lo sugerente se clarifica a raíz de lo conceptual y disforme.

La *brecha* responde a nuestra predisposición a concebir un mundo difuso, desarraigado de nuestras herramientas, para convertirlo en concreto, a percibir un medio sin significado, rico en fuerzas no sometidas a nuestra lógica o preceptos rígidos que tensionan hacia una articulación que difiere de lo supuesto.

Y ello a pesar de la frustración por la capacidad de intercalar únicamente acción en los intersticios del medio, la naturaleza de las relaciones entre los elementos que percibimos y lo que significan para nosotros o la naturaleza de nuestra respuesta y relación con el entorno.

La acción de dilucidar desde una posición no sometida a la concreción racional lo que nos sugieren las fuerzas y tensiones que se muestran ante nosotros de un modo crudo mantiene la identidad en una actividad continua.

El análisis del propio alcance y posibilidad de consecución de propósitos, del significado de lo construido por el hombre para la propia articulación de la identidad sobre sí misma, puede suponer el derrumbe de expectativas rígidas y de una predestinación previsible que desemboca en derrota.

El análisis desde una postura capaz de bloquear los mecanismos articuladores que plagian lo conocido y asignan sin cesar los atributos más comunes a lo dado. Una mirada hacia un mundo crudo donde lo único existente es la sugerencia sobre lo amorfo, para ser partícipes de unas construcciones nuevas a partir de lo que se nos muestra y que seguramente difieran de las que nuestra lógica ha ido incorporando y plagiando acerca de lo dado de forma habitual y en busca de una postura acomodada.

Un redescubrimiento del entorno y del significado de uno mismo a partir de la visión más cruda del mundo y sin ser digerida, alejada de nuestras construcciones que mantienen la inercia de una lógica hogareña, un paradigma rígido y unas expectativas y alcance previsibles que llevarán a la derrota.

Puesto que la mirada a la *brecha* surge de una mirada que consigue bloquear todo lo que da por conocido y establecido que da lugar a una mirada muda y sin idioma hacia al mundo, a una mirada sin filtro hacia un cruce de fuerzas y tensiones que retuercen a la identidad y que la obligan a dar cobijo a lo vislumbrado, a dar articulación, a digerir lo descubierto en la *brecha.*

Y que no hay más intención que ese vistazo al mundo crudo, al mundo despojado de lo que significa para la identidad.

La identidad renuncia a cuanto significa, ha conseguido y ha experimentado a través del mundo para concebir articulaciones más impolutas desde una perspectiva ajena a lo que se da por sentado y a lo que establece como esencial o valioso.

Articular a partir de la *brecha* solo es posible bloqueando lo que el mundo percibido significa.

La articulación de un mundo crudo no tiene por qué desembocar en lo que hemos estandarizado individualmente o en sociedad.

La articulación a partir de un mundo crudo y en el que bloqueamos nuestro marco o paradigma nos merma la coherencia y nos fuerza a dar cobijo a nuevos y diferentes planteamientos.

Despojarnos de lo que damos por sentado y que nos proporciona un entorno hogareño en pos de ampliar nuestros lindes a partir de digerir un mundo crudo es una actividad que nos acerca a vivir una existencia afín a la esencia del medio, verdadera y, por tanto, valiosa y satisfactoria porque implica autenticidad.

De ese modo, podemos desvirtuarnos para vernos arrojados a unas tensiones crudas y articularlas en búsqueda de lo que da cuerpo y carácter al mundo, de lo que otorga un significado más impoluto, más valioso, más real. Construir un paradigma que se focalice en la afinidad con la esencia del mundo, que dé cobijo y que construya un destino acorde al valor y al significado de un medio natural conceptual, arbitrario y caótico.

Dotarnos de un paradigma que pueda construir y articular de una forma externa lo que ha construido de un modo confortable y acomodado, que pueda desestimar aquello que ha armado únicamente plagiando los atributos conocidos y reubicar las tensiones del mundo crudo desde una visión directa sobre el medio y, por tanto, tener *feedback* consecuente.

Lo que tensiona a la identidad para que articule alrededor de lo conceptual y amorfo es el interés por descubrir, por etiquetar y concretar, por acaparar lo que se muestra ante ella con tal de lograr asir un significado. Y aunque se encuentre en un estado en el que el paradigma albergue la incertidumbre y se encuentre alejado de un hogar confortable, la identidad siempre tenderá a afianzarse y acomodarse en un medio que pueda convertir en confortable y darle cobijo, que pueda interpretarlo de una forma que le transmita seguridad y previsibilidad. La identidad tenderá siempre a crear un *hogar* a través del entorno que ve.

Vislumbrar el mundo crudo supone un esfuerzo que exige la voluntad de ir contra lo confortable, contra lo acomodado, contra la tendencia de una mirada dirigida, de rebelarse contra los límites de su paradigma, de desear escapar de la derrota y de un paradigma exhausto que únicamente replica lo concretado anteriormente.

Sentirse arrojado y tensionar ante lo conceptual es un esfuerzo voluntario.

Se puede entender que la inercia y el hábito de nuestro paradigma juegan a la contra en cuanto a llevar una existencia y una narrativa afín a la esencia del mundo.

La *brecha* dispone un mundo sin significado al que podemos asomarnos con una predisposición a asirlo y encajarnos en él en última instancia.

Aunque nuestro ritmo marque la acción que podemos llevar a cabo, la mirada a la *brecha* nos dota de una mayor perspectiva respecto de las acciones que podemos tomar para con el entorno.

Cualquier articulación sobre lo crudo desde una perspectiva alejada al paradigma rígido enriquece el modo en que concebimos el medio que nos envuelve y sobre el que nos desenvolvemos.

La máxima aspiración para con la identidad es enriquecer su paradigma, enriquecer la variedad de las articulaciones que dispone para con el mundo y que implicarán una clarificación de su propio significado y, consecuentemente, la toma de decisiones que marcarán su destino.

Por tanto, la derrota estará gradualmente alejada de la identidad según conforme un paradigma flexible y deslimitado.

LO SUBYACENTE
AL PROPÓSITO

No hay propósito sin *verdad* subyacente.

Al margen de la perspectiva en que la conciba la identidad, de modo irrebatible, la consecución pretende. La pretensión y la expectativa son los mecanismos que le dan cuerpo y la sostienen.

Y la pretensión articula, da cuerpo y clarifica sobre una base, por insignificante que sea.

La esencia de cada comportamiento radica en la articulación hacia un propósito, sea cual sea su naturaleza: material o intangible o abstracta.

Los mecanismos que incitan, que inician, hasta los que articulan la naturaleza del propósito son abarcables, finitos.

El impulso, lo que da cuerpo a la consecución de una meta, es sintetizable, y su reducto es quizá más próximo a lo *real* que el propio mecanismo articulador o la meta en sí.

La identidad existe centrada en la actividad, en lograr aquello que construimos como deseable, asequible o adecuado para nosotros y nuestro modo de transcurrir, sin focalizar el hecho de que la síntesis previa del propósito y de la consecución es más afín a un mundo crudo y *real* que el proceso en sí mismo.

Una identidad cuyo propósito sea ampliar su paradigma deberá focalizarse más en la conceptualización que en la actividad.

¿Qué significaría esclarecer lo que impulsa cada propósito, cada proceso, cada iniciativa y cada ilusión o sueño?

Quizá sea enfocar la *verdad* que subyace en la época del postmodernismo actual.

Alumbrar los orígenes y los mecanismos de la actividad que nos centra, focalizando sus métodos, es quizá el proceso más accesible para clarificar las conductas sociales.

Conceptos como el amor propio, la confianza, la autoridad o el deseo pierden su objetivo al intentar vislumbrarlos desde un punto de vista estructural. ¿Cómo argumenta la identidad a partir de lo conceptual, dónde radican los límites de lo que establece un concepto?

¿La iniciativa, la actividad como tal, es sustancial por sí misma?

Nos apoyamos constantemente en la actividad hacia la consecución de una meta, un fin u objetivo que antropológicamente eran motivos orientados a la supervivencia, pero, con el paso del tiempo, esa consecución se extrapoló a lo ajeno a la subsistencia.

¿Un objetivo que nos posicione mejor al encontrar pareja, trabajo o éxito empresarial? Estos aspectos pasan a convertirse en estrategias de una época moderna, pero ¿qué hay de valor, desde un punto de vista conceptual, en ellas?

Considerando valioso aquello real que nos ayude a comprender de un mejor modo el mundo e interactuar con él, ¿qué es valioso en nuestra consecución de metas interminables?

¿El valor está exento de criterios individuales, o se podría establecer acorde a una mayoría?

¿Algo es valioso solo si es consensuado?

¿La aproximación a lo real es valioso realmente, o lo que construye una ilusión consensuada por la mayoría es más preciado?

¿La exclusividad consensuada es la clave de lo valioso en sí mismo?

¿Una aproximación a la *verdad* puede ser exclusiva?

¿Sería la *verdad* exclusiva para unos pocos?

Aquello de acceso universal puede ser valioso, pero no implicar un valor socialmente consensuado.

¿Es valiosa la realidad expuesta de lo subyacente a los propósitos?

¿Desprendernos de la vorágine de la consecución sin fin en pos de la conceptualidad de los mecanismos que nos llevan a ella es más real que entregarse a la experimentación?

¿Puede lo conceptual albergar más valor y más *verdad* que lo experimentado en algún momento? ¿Socialmente o identitariamente?

¿Corresponde a un pequeño grupo promover el cambio sustancial?

¿Se podría dar en algún momento un cambio de paradigma hacia la búsqueda de lo subyacente de los propósitos, o es una utopía irrealizable?

¿Qué propósitos arrastrará un futuro incierto, basado en metas asequibles y consecutivas sin fin?

¿El freno de metas correlativas, inextinguibles y de un valor consensuado socialmente, en pos de los mecanismos que los articulan que son más próximos a la *verdad* sobre cómo nos relacionamos con el medio natural y entre nosotros, puede llegar en algún momento?

¿Es este un manifiesto en favor de una relación más cercana entre el individuo y su iniciativa de abarcar aquello que lo identifique y que lo satisfaga?

Pero centrémonos en el propósito, aquello que mueve, que incita al individuo a la consecución de una meta. Los objetivos suelen caracterizarse por ser de naturaleza egocéntrica o que trate de beneficiar a la identidad o al grupo al que pertenece.

El impulso de mejora, visto desde un punto de vista desapegado, desvirtuado de consecución y eximido de egoísmo, nos lleva a ver la iniciativa primordial de la identidad social de alcanzar la mejor resolución posible ante lo dispuesto.

Generalizando, nadie tiene como propósito conseguir algo perjudicial para sí o para con los que se identifica, al margen de quiénes considere los suyos, su gremio o de su ideología social. Justo lo contrario es lo que se plantea el individuo coherente y afín a su prosperidad.

Uno de los factores que impulsan al hombre a la sociedad en que se integra es el ímpetu de mejora.

La mejora consiste en una evaluación del estado actual y una objetivación de aspectos con tal de aplicar acciones que supongan una ventaja o facilidad.

Se trata de un mecanismo de evaluación de construcción abstracta.

Así pues, una de las relaciones más reales de que disponemos con nosotros y con el entorno es la evaluación y constatar aspectos que favorezcan la relación con nuestro medio individualmente y socialmente.

Consiste en una acción constante de evaluación y búsqueda de los medios que faciliten una mejora o un enriquecimiento, mientras que la estrategia forma parte de esa planificación de mejora.

Es agradable ver que uno de los ejes fundamentales del ser humano radica en la evaluación y el perfeccionamiento. Aunque más bien sea propio de la adaptación evolutiva, quizá sea un vínculo más real que lo enmascarado detrás de objetivos sin esencia.

El vínculo humano sobre la mejora es primario, haciendo referencia a la conducta, dado que el aprendizaje y la mejora son intrínsecos a la identidad y su relación con el medio: de igual modo que mejoro mis aptitudes, modifico el medio para mejorar mi relación con él.

Puede darse la confusión entre un objetivo y una mejora. Sin embargo, no son el único reducto de la consecución. Existen más mecanismos que impulsan a la consecución: la esperanza, la ilusión, las creencias religiosas, el deber autoritario, la incertidumbre o incluso la indecisión a menudo juegan un papel fundamental de empuje ante la consecución de metas y objetivos.

No obstante, no todos ellos se fundamentan en la mejora necesariamente. Si bien la tendencia de mejora es una estructura de valor conocida, sustancial y un tanto obvia, existen multitud de razones que impulsan a la actividad.

Para poner en nuestras manos una visión más crítica de qué supone para nosotros perseguir un fin o tener cierto interés, para poder situarnos en el plano conceptual y actuar desde otra vía de acción, más efectiva y quizá más equilibrada, para conocer qué nos impulsa a la consecución, deberemos percibir qué nos lleva a ser como somos y qué necesita nuestra identidad para llegar a completar la visión que tenemos de nosotros mismos.

Una identidad que se construye a medida que crece y que alberga nuevos propósitos, pero todos ellos deconstructibles hasta poder extraer esa esencia que los hace perseguibles, que da cuerpo a la narrativa de llegar a.

No hay persecución del propósito sin motivo o con un motivo carente de valor o relación con lo real. Extrapolándolo a una relación más general, en todo impulso reside una relación de valor y una síntesis de realidad.

Incluso se puede entender como una filosofía acerca de la articulación, donde a cada acción subyace una relación con la *verdad* sobre la identidad con el mundo o con el medio.

La esencia no se identifica con la inercia, con la ausencia o con la calma, pues la inactividad o la calma no pertenecen a la conducta humana, dado que la identidad siempre se encuentra en persecución, incluso en los momentos de reposo, en persecución desde un sentido amplio, entendiéndose como un estado de excitación, de actividad, de proceso hacia una articulación, una consecución o una extracción de conclusión para erguir un juicio y un propósito superior.

La actividad de la identidad consta de una extracción constante de juicios y de una persecución de objetivos y conclusiones, ya sean conceptuales o pertenecientes al ámbito de la acción.

El reposo no es más que la falsa apariencia de falta de actividad. La identidad en reposo absoluto no puede darse, pues no le corresponde dicho atributo.

Pero la construcción de un juicio, de una ilusión, la construcción de un objetivo o una acción narrativa hacia una consecución alberga valor y sentido hacia la síntesis de lo esencial, al margen de la extensión hacia la actividad o interrelación con lo externo.

De la actividad se pueden extraer relaciones generales y de valor hacia la *verdad* de nuestra relación con el mundo y sobre quiénes somos y qué significamos.

Desarticular la actividad es un proceso meticuloso pero asequible y agradecido en cuanto a la generación de conclusiones se refiere, un proceso que descompensa la constante acción y persecución de metas hacia una evaluación de la relación con lo real de la propia identidad, una relación con la esencia, con el impulso que estructuran los propósitos.

FORJAR UNA IDENTIDAD ÍNTEGRA

¿La exclusividad consensuada es el eje de lo valioso?

¿Una aproximación a la *verdad* puede ser exclusiva, o es de ámbito general?

¿Qué hay de valor, de aproximación a lo fundamental, en lo diario?

¿Realmente las aspiraciones, el tránsito hasta alcanzarlas, el esfuerzo puesto en la narrativa, el proceso o los objetivos cumplidos disponen de valor en sí mismos para la identidad? ¿O se trata de un valor consensuado por la sociedad, al margen de lo íntegro y que cede a los intereses generales?

¿Lo que creemos valioso realmente lo es desde un punto de vista alejado de lo consensuado y tergiversado a favor de los intereses de unos pocos?

La búsqueda propia del valor es una búsqueda de la esencia, una búsqueda de lo auténtico y sobre lo que articular una existencia y un propósito.

El valor de lo útil, de lo esencial, de lo enriquecedor

para el crecimiento individual y grupal, para el esclarecimiento de un significado propio, para lograr una mayor lucidez objetiva contemporánea o un mayor pensamiento crítico... Incluso para construir una justicia o norma sobre a lo que atribuir valor y a lo que entregarse, a lo que deberse, a lo que aspirar, al margen de los intereses de unos pocos que puedan tergiversar esa concepción del valor.

Una búsqueda personal, intransferible, aunque de conclusiones enriquecedoras para el resto.

La búsqueda del valor con tal de forjar una identidad lo más íntegra posible, donde aspectos como, por ejemplo, la consecución, la entrega, el compromiso con un proyecto o la defensa de unos ideales radiquen en un elaborado pensamiento crítico, en una normativa acerca de la asignación de valor sobre la que articular la actividad, la satisfacción y el crecimiento.

Configurar una sociedad basada en una propuesta de valor de origen crítico en el que convivan identidades con articulaciones diferentes y puedan coexistir que se resista a la desvirtuación en favor de los intereses corruptos, que se alce ante lo vejatorio, ante la violación de principios con tal de desarrollar unos límites (en vez de derechos) a los que atenerse y no sobrepasar.

Establecer lo valioso y limitarlo en pos de su articulación social.

¿Pero cómo limitar lo valioso para una identidad diversa y rica en matices?

¿Hasta qué punto la perspectiva determina cómo nos relacionamos, cómo cedemos y ganamos con cada intercambio, con cada puesta en común?

La perspectiva es un marco inseparable de una identidad, es cambiante y sirve como eje articulador de lo que hacemos y lo que pretendemos.

Se trata de in marco a menudo incoherente, forjado por impulsos emocionales, irreverente ante el pensamiento crítico y arrastrado por una falsa lógica, dado que justifica su arraigo en vez de adaptar su posición. De ahí la importancia de tener un marco predispuesto a pivotar, a modificarse.

Debemos ser conscientes de que nuestro propio marco o paradigma nos arrastra, nos fija en un determinado estado, nos limita y nos dota de una inercia en que nos excluye lo diferente, nos sustrae de lo que rompe con nuestros preceptos, prejuicios y creencias.

¿Nos protege del cambio o nos prohíbe un pensamiento crítico?

El marco o paradigma nos identifica y nos liga. Nos muestra así al mundo y somos receptores de ese *feedback* consecuente del medio.

El marco nos posiciona, aunque lo ignoremos o tratemos de evitarlo.

El marco es realmente el que decanta las disyuntivas, el que nos cierra o abre posibles, el que dirige la mirada. El que enfoca nuestra atención, nuestro presente, nuestras relaciones y nuestras articulaciones.

Para recrearme en un paradigma crítico, debo atender a un marco cuyo eje central sea la defensa del valor, más allá de lo considerado valioso actualmente, haciendo referencia a la búsqueda del valor desde un punto de vista crítico y afín a la autenticidad.

Establecer la naturaleza, fomentar el autodescubrimiento sobre cómo afrontamos lo que recibimos, cómo nos afecta y cómo reaccionamos a lo que nos llega. Cuál es nuestra reacción a la acción.

Identificar la naturaleza, las características de nuestro marco en pos de reafirmarnos y reestructurarnos en un paradigma coherente, crítico y centrado en la búsqueda de la articulación sobre lo valioso.

Deslimitar, desfijar, articular un marco capaz de adaptarse y cambiar nos asegurará una flexibilidad, una versatilidad que nos beneficiará en la constante búsqueda de la integridad y el pensamiento crítico.

Desarticular las construcciones fijas, obsoletas y que, al fin y cabo, limitan el cambio nos dará la clave para vivir en un paradigma valioso en sí mismo, un paradigma que dirija la mirada a la *brecha,* que no obligue a focalizar lo conocido, que se centre en extraer lo fundamental, lo esencial que radica en lo subyacente o en los resquicios de lo esperado y conocido. Que disipe el aburrimiento y que nos alce en un descubrimiento continuo, en una adaptación constante del marco, en unas articulaciones que defender y a las que entregarse acerca de lo esencial, sobre lo íntegro que la propia identidad ha establecido, ha esclarecido.

La desarticulación del paradigma fijo y la extracción de lo esencial para establecer un pensamiento crítico conducen a la libertad de la mirada.

El tiempo fatiga el ímpetu por mantener el paradigma abierto al cambio.

La derrota no es más que la vista atrás de un paradigma insustancial que no extrae valor de lo que le acontece, que no se nutre de lo conceptual en la *brecha.*

La derrota alcanza a la identidad tras una vida con un paradigma sólido, obsoleto, que dirige la mirada y que lleva al aburrimiento a pesar de perseguir metas, metas carentes de valor para la identidad.

Disponer como objetivo, aparte de evitar la derrota o el aburrimiento, construir una identidad íntegra, y una sociedad íntegra.

¿En qué consiste una búsqueda de valor?

El valor de lo esencial, de lo que sienta precedente, de la síntesis de la acción, del motivo de los propósitos, de la síntesis de las aspiraciones, de la síntesis del significado del individuo, de la síntesis de lo que decanta una disyuntiva. De lo que lleva a una creación de nuevos posibles.

Doblegar el marco o paradigma a nuestro antojo implica conocernos y ser partícipes de nuestro cambio de mirada dirigida.

¿Hasta qué punto la propia identidad puede modificarse a sí misma para corregir la mirada, para enfocar su paradigma en la búsqueda de valor con tal de articular su existencia acerca de lo esencial, sobre la síntesis del propósito?

¿Hasta dónde somos capaces de reestructurarnos con un pensamiento crítico? ¿Hasta qué punto somos capaces de llevar a cabo nuestro cambio?

Si nuestro paradigma acapara únicamente lo que enfocamos, quizá no somos tan libres de llegar a reestructurarnos como creemos. Solo somos esclavos o víctimas de nuestra propia mirada dirigida, por ello, el paso esencial es aceptar lo que suponga una restricción, lo que no tenga cabida en principio en nuestro marco para forzarlo a asimilar lo diferente con tal de deslimitarlo de sus construcciones.

Forzar a aceptar lo contrario, lo inesperado, lo impensable, lo despreciado o lo desechado solo nos abrirá hacia nuevos posibles, hacia una mirada dirigida más amplia, una mirada que abarque la *brecha* de lo que ignoramos.

El paradigma, con los años, se endurece, se vuelve rígido y obsoleto y nos aboca al aburrimiento y la derrota.

La falta de renovación o adaptación de las articulaciones de nuestro paradigma, la falta de una respuesta del medio novedoso o desconocido, asfixia a la identidad. La identidad se asfixia hasta la extenuación, hasta su fin.

IDENTIDAD, PROPÓSITO Y CONCURRENCIA

La concurrencia, por así llamar a lo referente sobre el desarrollo natural, establece que la narrativa de la identidad suele resolverse acorde a una tendencia.

Se trata de una inclinación hacia lo probable de la que, al margen de nuestro paradigma, somos partícipes, o mostramos una predisposición sobre resolver nuestra narrativa de un modo predeterminado.

La identidad es sometida a la concurrencia del medio que la acoge. La misma sustancia que nos acoge nos arrastra hacia una tendencia, hacia una probabilidad de llevar a cabo nuestras narrativas de una forma. Protege y da cuerpo a la narrativa de la sociedad, da cuerpo a una época y una era.

El desarrollo de la época del hombre se enmarca dentro de una tendencia, de una probabilidad de resolverse de un modo concreto, al margen de ser acertada en mayor o menor medida.

El destino del hombre, de los hombres, concurre, predispone una serie de probabilidades en las que resolverse.

Al igual que la identidad es sierva de su propio paradigma, la concurrencia de una era, de una época social, tiende a resolverse de un modo probable acorde a un marco prevaleciente en la mayoría.

Asomarnos en perspectiva a la concurrencia de la que somos siervos, a esa tendencia que hace referencia al destino de nuestra colectividad en nuestro tiempo, nos llevará a prever hacia dónde tienden nuestras aspiraciones y lo que está a nuestro alcance de modo predispuesto.

Una correlación entre la concurrencia de nuestra era y la mirada dirigida de la identidad.

TRASCENDENCIA

La voluntad de trascender la propia narrativa que nos acontece es un deseo casi inherente a la identidad. Desde un punto de vista antropológico, la intencionalidad de legar un conocimiento, una síntesis de valor, a las nuevas generaciones es intrínseco al hombre.

La síntesis de valor, o el objeto que la identidad anhela trascender, a menudo ha de considerar una serie de características para prevalecer tras el fin de su narrativa.

El valor transmitido tiende a decaer a medida que prevalece en la narrativa social, es por ello que, para que un concepto o una idea trasciendan, su propuesta de valor debe seguir perpetuándose a lo largo de los años en las narrativas venideras.

Si una síntesis de valor pretende ser transmitida en la mayor medida posible, será vital que la persona o el grupo que la admita reciba o considere que recibe valor al seguir transmitiéndola, de modo que el mismo acto de transmitir o difundir esa síntesis, ya sea conceptual o material, también ostente valor en sí mismo.

Basta con mirar a nuestro presente, o incluso a nuestro pasado o hacia lo venidero para deducir lo dispuesto conceptualmente valioso ante nosotros y quizá preguntarnos si encaja con nuestra mirada dirigida y paradigma rígido, o si es capaz de deslimitarnos de algún modo en favor de un pensamiento crítico.

De tal modo, la identidad puede vencer las barreras de su propia narrativa perpetuando la propuesta de valor que disponga, así como aportando relevancia al propio acto de difundir la síntesis de su pretensión.

Si pretendemos que una idea viaje en el tiempo, a través de cualquier medio, es necesario poner en valor la idea y que la persona que la reciba reconozca también el valor de seguir transmitiéndola.

DE LO CONCEPTUAL
A LO ETERNO

Cuanto menos, resulta realmente llamativo el proceso en que la identidad se deslimita y puede alcanzar una propuesta de valor fundamentada en la mirada en la *brecha,* una articulación a partir de lo conceptual que abra camino, que siente precedente en su paradigma y que trascienda su propia narrativa.

Cómo el hombre puede llevar a cabo el proceso de extraer valor, de construir a partir de lo sugerente y amorfo del medio para derivar en una síntesis, en un legado que sobrepase sus propios límites.

Cómo la identidad puede llegar a sintetizarse en un concepto duradero, prevalecer, reproducirse y hasta servir de base para las construcciones por las identidades venideras.

Quizá la máxima a la que aspira la identidad en su periodo, en su narrativa, es a convertirse en inspiración, en articular una propuesta de valor a partir de lo conceptual que arraigue y se extienda *a posteriori.*

Pero el salto desde lo conceptual hacia lo eterno o trascendente no implica que la identidad deba entregarse o deberse a ello de ningún modo.

En su entereza, y haciendo acopio de su aleatoriedad o libre albedrío, el individuo es capaz de implicarse en la medida que considere en su propio cambio de paradigma y alcance más allá de su narrativa y entorno.

Por otro lado, queda la crudeza de una falta de consideración acerca de la aspiración de sobrepasar la síntesis de valor del individuo y su transcurso.

¿Qué estoy dispuesto a sintetizar con tal de lanzarlo más allá de mi transcurso, de mi alcance?

¿Es posible condensar mi significado, mi visión y mis pretensiones creando una propuesta de valor que tienda a transferirse y que fundamente un compromiso con lo esencial para con la sociedad?

TRANSGREDIR

Muchos hombres pasan años de su vida tratando de transgredir su propia narrativa, luchando por derrumbar esa barrera que los limita a cernirse únicamente a su alcance en vida y a sus propósitos abarcables.

El hombre, a medida que avanza en las épocas, tiende a soñar con llegar a transgredir sus límites, con perpetuar su identidad, con vencer lo que puede abarcar.

Sintetizar lo que creo que significo y lo que puedo aportar al desarrollo, a la correcta autoafirmación de la sociedad venidera, al esclarecimiento de lo esencial en la relación del hombre con el medio que lo acoge. Extraer dichos conceptos para mostrarlos de una forma clara, ordenada y digerible y posteriormente facilitar un método mediante el cual cada identidad que acceda a nuestra síntesis gane para sí lucidez, aproximación hacia la *verdad*, y se beneficie de una visión más enriquecida de su significado, de su sentido como ser único e independiente.

Para que ello signifique que, al transmitir esa síntesis y perpetuar esos conceptos, se revaloriza como individuo, su significado se magnifica y su autoafirmación o su expresión se torna más veraz, más satisfactoria, justa, leal y constructiva para sí mismo y para el entorno en el que se desarrolla.

La búsqueda de la transgresión fascina y obsesiona a multitud de identidades a lo largo de las eras. Sin embargo, el proceso para transgredir lo tenemos ante nuestros ojos aplicando la lógica y las acciones adecuadas. Basta con sintetizar el valor que puede crear nuestra identidad y recrear un proceso de difusión y transmisión en el que la identidad que transmite gane para sí un beneficio de forma análoga.

NOTAS FINALES

Incitar a indagar en lo sustancial, en lo que compone la esencia de los propósitos, a romper el cerco de nuestro paradigma y transgredir nuestra narrativa con la pretensión de establecer una sociedad más afín con la *verdad* sobre el medio al que somos arrojados es quizá la máxima aspiración de este ensayo.

Cualquier método o aplicación práctica para extraer y definir lo sustancial de nuestro entorno o sociedad será contraproducente para con los argumentos dispuestos aquí, ya que supondrá encauzar las articulaciones, trazar una ruta fija de descubrimiento para la identidad y a su vez estandarizar su paradigma.

Este ensayo apela a la diversidad de interpretaciones y a la diversidad de identidades para que cada persona se implique en el grado que considere en la transgresión de la síntesis a la que llegue.

Y para que, en su labor de descubrimiento a partir de lo perteneciente a la incertidumbre, desemboque en una propuesta de valor única sobre su significado sintetizado y en un sentido distinto y único al de sus allegados.

De este modo, podremos enfocar la esencia de nuestro medio desde diferentes ángulos y lentes distintas con la pretensión, desde un punto de vista idílico, de construir una humanidad fundamentada en la esencia sobre lo real, rica en matices, que abarque la diversidad de paradigmas, que se deba a esa afinidad acerca de la *verdad* y, consecuentemente, que pueda articular todas las demás características que le pertenecen, como la justicia, la equidad y la solidaridad, y llegar a un desarrollo que podríamos etiquetar como genuino o *verdadero.*